Luiz Carlos Mariano da Rosa

Quase Sagrado

Politikón Zôon Publicações

Politikón Zôon Publicações

Luiz Carlos Mariano da Rosa

Quase Sagrado

Politikón Zôon Publicações
2019

Politikón Zôon Publicações
2ª edição
Janeiro de 2019

Capa: Vick Rô (representação fotográfica do jardim da Casa das Rosas,
Av. Paulista, São Paulo, Brasil)

Dados Internacionais de Catalogação na Publicação (CIP)
Politikón Zôon Publicações

Rosa, Luiz Carlos Mariano da, 1966—
R7881q Quase sagrado. — São Paulo: Politikón Zôon
Publicações, 2019.

Inclui bibliografia
ISBN 978-85-68078-09-9

1. Poesia brasileira. 2. Literatura brasileira. I.
Título.

CDD-B869.1
-B869
CDU 821.134.3(81)

Índice para catálogo sistemático:
1. Poesia brasileira 869.1
2. Literatura brasileira 869

Politikón Zôon Publicações
Caixa Postal 436, Centro, São Paulo, CEP: 01031—970, Brasil

À minha família:
Val (*in memoriam*),
Nísia e Victoria.
Ao meu pai José Mariano da Rosa (*in memoriam*)
E à minha mãe, Maria de Lurdes.

O pensamento, dócil à voz do ser, procura encontrar-lhe a palavra através da qual a verdade do ser chegue à linguagem. Apenas quando a linguagem do homem historial emana da palavra, está ela inserida no destino que lhe foi traçado. Atingido, porém, este equilíbrio em seu destino, então lhe acena a garantia da voz silenciosa de ocultas fontes. O pensamento do ser protege a palavra e cumpre nesta solicitude seu destino. Este é o cuidado pelo uso da linguagem. O dizer do pensamento vem do silêncio longamente guardado e da cuidadosa clarificação do âmbito nele aberto. De igual origem é o nomear do poeta. Mas, pelo fato de o igual somente ser igual enquanto é distinto, e o poetar e o pensar terem a mais pura igualdade no cuidado da palavra, estão ambos, ao mesmo tempo, maximamente separados em sua essência. O pensador diz o ser. O poeta nomeia o sagrado. [Martin Heidegger]

Sumário

Prefácio [1ª edição]

Engana-se quem supõe, diante do título do livro, que os textos que o formam serão caracterizados pelo adjetivo que, oriundo do termo latino *sacratu*, significa "aquilo que se sagrou ou que recebeu a consagração", sinônimo de santo, principalmente quando dedicado a Deus, aos deuses, ou ao serviço divino – paráfrase da interpretação dicionarizada de sagrar (do lat. *sacrare*, "consagrar"), verbo ao qual "sagrado" está etimologicamente relacionado. Mesmo pelo fato de que, na perspectiva em que foi empregado, "sagrado" não tem sentido "religioso" como, de imediato, talvez possa sugerir, porém, identifica-se mais com "divino", sem, no entanto, aquela expressão corresponder a esta. De religioso, exceto o "culto" ou o "rito" que cada poesia sintetiza: nada há, na acepção da palavra,

[13]

senão a ideia, verossímil ou sofística, da Divindade.
Na verdade, é o "Culto do Quase" – do advérbio que
substantiva a intensidade (ou o modo?) do
"sagrado", sem o qual certamente a definição
objetada inicialmente teria eco. Quase (do lat. *quasi*,
"como se") é o fragmento – do todo: sagrado.

O "quase" relativiza aquilo que, em função de
sua própria natureza, não pode ser "sagrado", visto
que implicaria na perda dos seus atributos originais
e, consequentemente, na incorporação de uma
existência (um estado do ser) aquém das
reivindicações do seu destino. Não representaria,
mesmo sem o subsequente hífen, um prefixo de
movimento que, instável e, por vezes, ascendente,
transmitisse a impressão de que pudesse chegar a ter
o valor absoluto do vocábulo que o acompanha,
"como se" o seu objetivo fosse tornar-se o que, por si,

[14]

o outro já é. Não é uma expressão nômade que está à espera de um fenômeno semântico para estabilizar-se, "como se" tivesse *a priori* significação incompleta, reduzindo o ser que qualifica, signo pronominal, ao estágio embrionário, pois, afinal de contas, quem (ou o que) é "quase" - ainda, de fato, não é! Mas, "quase" não significa, como neste caso, um irremediável "não-ser" imposto como uma deficiência congênita, uma anomalia ortográfica, a ausência da normalidade (ou a presença do desequilíbrio!) diante do universo, racional e irracional, da gramaticalidade. Nem é a "metáfora do nada", que emerge diante da inexistência de uma expressão genuína - o que provaria o quanto de realidade do seu objeto -, convergindo para uma inadvertida aplicação do "quase" que, dessa forma, não se impõe senão como um indispensável

[15]

apêndice cuja sobrevivência dependerá mais do corpo ao qual se agrega - que, no caso, torna-se hospedeiro -, do que de si mesmo, pois o que é um "quase" solitário senão um peregrino sem destino! Se dialoga com o pensamento de Friedrich Schelling, que encarna uma visão estética do mundo e implica que a recusa a tratar a arte como um objeto particular se impõe sob a concepção que encerra a própria criação do universo como tal (arte), à medida que corresponde à revelação do absoluto, uma vez que é testemunha da perfeita união envolvendo o espírito e a natureza, identidade não formal nem abstrata, perfazendo o fruto de uma luta que abrange os opostos e de uma harmonia reencontrada, Quase Sagrado não deixa de recuperar também, simultaneamente, a visão deleuziana, que defende que a vida mais extravagante e intensa, aquela que pode existir nas fronteiras de uma linha de desenho, de escrita ou em uma pauta de música, detém uma condição que a caracteriza como poder de abertura ao ilimitado, que converge, dispensando intermediários entre o sujeito cognoscente e o objeto conhecido, para o restabelecimento de um contato genuíno com as coisas, tendo em vista que proporciona uma visão direta da realidade, não predispondo senão à conversão filosófica. A propósito: Não é este acontecimento, que não implica senão a estética da consciência, a razão da atualidade da tragédia grega (um gênero artístico milenar), segundo a fala do helenista e pensador francês Jean-Pierre Vernant? Para Vernant, a tragédia grega (que inventou o homem angustiado) continua atual, a despeito do progresso técnico-científico (e mesmo em função disso), porque é um fenômeno social, estético e psicológico. Estética da consciência, a despeito da cultura (ou, talvez, em virtude dela mesma!), eis o futuro (do presente) da arte, para cujas fronteiras a construção de Quase Sagrado pretende convergir.

Se emoção designa um estado psicológico que envolve profunda agitação afetiva, resposta de um sentimento que se consubstancia como uma reação cognitiva que reconhece determinadas estruturas do mundo, inter-relacionadas em qualquer experiência que demanda o envolvimento de todo o eu, como na estética, o que se lhe impõe, pois, não é senão um processo de concretização que depende da intersubjetividade, tal qual o que traz como objeto um texto, visto que se aquela remete para a apoteose do sensível, este último configura a convergência intelecto-afetiva-volitiva, ambos conscienciais, em suma.

É dessa forma, pois, que se impõe uma leitura: vivenciando o sentido e construindo uma experiência nesta correspondência que envolve o texto e o autor, à medida que se entender a ideia de uma obra de arte implica mais a fruição de uma nova "realidade" do que a admissão de uma nova proposição, conforme afirma Suzanne Langer, pensar, segundo a concepção deleuziana, não é fundar, mas aventurar-se, supondo a criação e a experimentação de novos problemas, como aqueles com os quais dialoga o horizonte de Quase Sagrado, cuja construção, por essa razão, carregando a possibilidade de meditação acerca do sentido que emerge sob a forma de uma mensagem ou revelação, demanda uma metodologia que não converge senão para o horizonte dialético-hermenêutico.

[19]

Nesta perspectiva, além do olhar que envolve e fixa aquilo que perscruta (*epistéme theoretiké*, como define Aristóteles a atividade filosófica), procurando as razões e as causas, a abordagem da realidade através da corporalidade textual, a apreensão do seu conjunto, pois, a captura do sentido, enfim, que correlaciona logística estrutural e totalidade significacional, não demanda senão imunização contra a verdade (tautológica), emergindo assim o Quase como sinônimo daquilo que tende a sobrepor o sentido à verdade: a poesia.

Luiz Carlos Mariano da Rosa

São Paulo

Maio de 2014

Prefácio[1] [2ª edição]

Tornando-se irredutível à análise científica, o
Ser escapa às fronteiras que encerram a possibilidade
de explicação ou interpretação que emerge da
linguagem científica, convergindo o movimento de
elevação até o Ser para uma relação que implica a
poesia, na medida em que o Ser "habita" a
linguagem poética em uma construção que envolve a
sua comemoração como tal.

Se a experiência da nulidade absoluta, no
tocante à questão que acena com a verdade e a
compreensão do Ser, transpõe, em suma, as

[1] O referido prefácio é constituído por trechos do conteúdo
publicado em forma de artigo, sob o título *Do mistério do ser —
entre o pensador e o poeta [do da-sein]* em **Poros – Revista de
Filosofia / Faculdade Católica de Uberlândia [Uberlândia,
MG]**, ISSN: 2175-1455, v. 3, n. 5, p. 1-21, 2011, e pela **Revista
Filosófica São Boaventura / FAE – Centro Universitário /
Instituto de Filosofia São Boaventura [Curitiba, PR]**, ISSN:
2525-3042, v. 4, n. 2, p. 77-100, jul./dez. 2011.

[21]

fronteiras do lógico do entendimento, da lógica dos entes, enfim, não tende a dialogar senão com uma perspectiva que inter-relaciona poesia e filosofia, tendo em vista o valor atribuído à linguagem segundo a concepção que defende o atalho especulativo-hermenêutico, que se contrapõe à tendência técnico-científica e a sua pretensão de estabelecer um sistema de sinais que funcione como instrumento da ciência [encerrando em sua circunscrição a totalidade do pensamento e da linguagem, inclusive da esfera filosófica], visto que se configura como o domínio que em seu interior possibilita a emergência de qualquer espécie de pensamento e discurso, colocando em jogo o problema da existência do homem e sua definição[2].

---

[2] Stein, Ernildo. In: Heidegger, Martin. *Conferências e escritos filosóficos*. Tradução e notas de Ernildo Stein. São Paulo: Nova Cultural, 1996, p. 24.

[22]

Tal questão emerge, dessa forma, à medida que é a língua que fala em uma relação que envolve o homem e a linguagem e converge para as fronteiras que encerram a própria relação do ser humano enquanto existente singular com o Ser através de um movimento que tende a se manter sob o horizonte da profundidade e do velamento[3], implicando que o homem somente possibilitará a manifestação do Ser quando ouvi-lo em sua fala como um ente do qual se requer recebê-lo a partir das coisas que são, por tal ente, trazidas para a sua circunscrição existencial, posto que longe de representá-las a palavra se lhes atribui "ser e presença".

Nesta perspectiva, ao homem se impõe uma condição que, segundo a leitura comparativa de Heidegger, remete a um vigia ou a um pastor cujo

---

[3] Baraquin, Noëlla; Laffite, Jacqueline. *Dicionário de Filósofos.* Tradução de Pedro Elói Duarte. Lisboa: Edições 70, 2004, p. 188.

lugar não é senão a porta do Ser, guardando raízes a sua relação com aquela que emerge das fronteiras que envolvem a própria língua, posto que se mantém circunscrito ao âmbito do jogo original da linguagem, que escapa, nesse sentido, ao caráter de instrumento, acenando com a possibilidade de revelação, conforme o demonstra especificamente o tratamento dispensado pelos pensadores e poetas, tendo em vista que pensar guarda correspondência com a linguagem da metáfora, que se desenvolve na dimensão do "claro-escuro", à medida que torna-se necessário o apoio dos entes para a fala que desde sempre em seu exercício não se esgota neles mas carrega a pretensão de transpô-los, alcançando o que não é um ente[4].

Se o pensamento originário emerge como o eco

---

[4] Baraquin, Noëlla; Laffite, Jacqueline. *Dicionário de Filósofos*. Tradução de Pedro Elói Duarte. Lisboa: Edições 70, 2004, p. 188.

do Ser, sob o qual o acontecimento que envolve o que o ente é se dispõe, acenando com a resposta humana à palavra da sua voz, convergindo, pois, para o horizonte da linguagem, o que se impõe é que não escapa ao fundamento essencial do homem historial um pensar cuja condição, se sobrepondo à esfera de compreensão da "lógica", guarde raízes nas fronteiras da verdade do Ser, auxiliando o ser da verdade, através da simples "in-sistência" no "ser-aí", no tocante a possibilidade de encontrar o seu lugar na humanidade historial[5].

Nessa perspectiva, ao pensamento se impõe a necessidade de escapar à atividade que acena com a fundamentação, convergindo para um horizonte que envolve uma abordagem meditativa, interiorizante e rememorativa, que possibilita a emergência

---

[5] Heidegger, Martin. *Conferências e escritos filosóficos.* Tradução e notas de Ernildo Stein. São Paulo: Nova Cultural, 1996, p. 72.

[25]

espontânea do essencial, à medida que se mantém oculto, guardando-se como pobre, fragmentário, tal qual a errância e o jogo sem cálculo e destituído de objetivo da dádiva do Ser, tendo em vista a demanda quanto a renúncia no que concerne a soberania humana diante de uma determinada concepção do humanismo que torna o homem autoconstituinte e autossuficiente[6].

Luiz Carlos Mariano da Rosa

São Paulo

Janeiro de 2019

---

[6] Baraquin, Noëlla; Laffite, Jacqueline. *Dicionário de Filósofos.* Tradução de Pedro Elói Duarte. Lisboa: Edições 70, 2004, p. 187.

I Parte
Porque "Preciso-te"

"Anjo-Mulher"

Ausência

Algo assim

Rapto

Porque "Preciso-te"

O substantivo da ausência

Ditongo

Carpe diem

Pacto

O húmus da paixão - Testamento

[27]

"Anjo-Mulher"[7]

Ao Dia Internacional da Mulher (8 de março)

"Não será a mulher tudo o que nos resta do paraíso
terrestre?" (Albert Camus)

Como podes suportar tanto paradoxo,

Condensando os extremos em uma só célula

- Se o teu corpo mamífero origina a vida,

Simultaneamente embora sujeito à morte!

Pele, carne, ossos, medula – eis a herança

Consanguínea que em si traz a existência psíquica,

De ambas as fenomenologias – vértice

Que, afinal, produzirá a autoconsciência!

---

7 Texto selecionado pela **Fundação Valeparaibana de Ensino,
Universidade do Vale do Paraíba**, São José dos Campos, São
Paulo, Brasil, no **Concurso de Poesias Univap 2011, Cultura
Univap**, e publicado em **Antologia Poética 2011**, São José dos
Campos: Univap, 2012, pp. 46-47.

[29]

A quem confiaria cegamente Deus

Toda a fortuna de emoções que à flor da pele,

Sob o efeito de densos hormônios, exalas...

Todo o feixe de fibras, todas as paixões...

Senão a ti "semi-divina-criatura"?!

A quem comparar-te entre os seres mitológicos

Se a mais simples representante do teu gênero

Torna-se capaz de milagres jamais vistos (?!)

- Como a gestação de um "eu-todo-em-si": um ser

Unissilábico - singularmente único,

Que não é sinônimo de ninguém, nem teu,

Senão de si mesmo, outrora nunca existido (...)

- Um sujeito (?!), substantivado pelo arbítrio,

De predicados pessoais adjetivados,

Pronominalizado como uma pessoa:

A primeira – um eu, entre o caso reto e o oblíquo!

[30]

Quem tamanha combustão incorporaria

- Abdominal, sanguínea, orgásmica... vulcânica...

Como cobaia de um ensaio científico,

Fazendo *in loco* uma inseminação bendita?!

Ou quem sofreria uma inchação visceral

- Endócrina, diafragmática, cardíaca...

Que como o umbilical irromper da semente

Explode, enquanto gera, mutativo, o fruto?!

Ou quem resistiria a revolução física,

Ao centrípeto frenesi metamorfósico

- Químico, sensorialista, biológico...

Que como um sísmico abalo deflagra o caos?!

Quem poderia substituir-te, afinal,

Como protagonista de uma eterna gênese

Sexual - cerebral, torácica, intestina:

Fonte. Raiz. Princípio último de um ser?!

[31]

Se o teu corpo é mais do que um casulo efêmero,

Se o feto é mais do que um produto uterino,

Se a instintividade é mais do que libido

- És o milagre encarnado: "Anjo-Mulher"!

Ausência

"Se aquilo que falta, em sua ausência mesmo, acha-se
tão profundamente presente no âmago do existente, é
porque o existente e o faltante são ao mesmo tempo
captados e transcendidos na unidade de uma só
totalidade." (Jean-Paul Sartre)

Que poder é esse que sequestra a razão,

Que o solitário despe do orgulho monástico...

Que inflige taquicardia, e advoga aflição

De quem, ensimesmado, autodivinizava-se

Como soberano do Império do seu *Ego*?!

Que poder é esse maior que a vaidade?!

Que poder é esse que torna tudo igual,

Que invalida a lógica humana do *Chronos*

Cuja identidade do parto à morte impõe-se

Como onipresente diante da história,

Tão arbitrário que é capaz de mudá-la?!

Que poder é esse maior que o tempo físico?!

[33]

Que poder é esse que manipula o âmago,

Que o extremo oposto fecunda, metamorfósico,

Do escravo extorquindo o senhor, do réu à vítima...

Que denuncia – e absolve, mas não deixa impune...

Que a pena justifica, que o álibi impetra?!

Que poder é esse maior que a consciência?!

Ah! Que poder é esse que esvazia o mundo,

Que deserto e sem-destino torna o caminho...

Que deixa o solo sem semente, sem raiz...

Sem fruto a árvore, e a folha sem fotossíntese...

Um castigo – a vida, um análgico – a ilusão?!

Que poder é esse maior que o realismo?!

Que poder é esse que subtrai-me de mim,

Que à medida que expande-se, todo – fragmenta-me,

"Maximizando-se" enquanto "minimaliza-me"...

Até que não encontro-me nessa diagnose

Que só radiografa uma fratura (implícita)?!

Ah! Que poder é esse maior que a memória?!

Que poder é esse que o "já" desfuturiza,

Tornando a esperança uma relíquia pretérita,

Um inorgânico substrato arqueológico

Que prova que absoluta era a presença, outrora,

Quando eras minha – de mim; teu – de ti, eu era?!

Sim! Que poder é esse maior que a saudade?!

Algo assim

I Parte: "Não"

Não! Não quero-te como uma nuvem sem-forma,

Que não tem rosto, lábios, voz ou coração...

Que, de tão inodora ou incolor, repugna,

Por ser menos terrena – mais celestial!

Nem como uma flor de exotismo extraterrestre

- De exangue, eucêntrica e autocrática beleza,

Que, de tão transcendente, desnaturaliza-se,

Sendo mais metafísico o prazer (botânico?)!

Nem como um rio que de si nunca deságua,

Que não transborda jamais... nem mesmo tem fim...

Que, enquanto escoa, todo alienado esvai-se

Pelo rumo de um atemporal "sempre-cósmico"!

Nem como a mítica personagem da ninfa

[37]

Que faz-me mais fictício – menos humano:

Sem sensório ou tórax ou entranhas sexuais,

Tornando-me, embora "sem-visão", só olhos!

II Parte: "Porém"

Quero-te porém inescapável aos nervos,

Sem tornar-te um sagrado objeto de culto

Que reclame uma neurótica devoção,

Em nome de uma paixão – um amor-fetiche!

E, ainda, instintivamente bárbaro, enquanto...

Embora vulnerável aos sentidos físicos!...

Humana, desde a consciência psico-orgânica

Que consagra a mulher como fêmea do homem!

Porém, imprevisível ao cérebro quero-te

- Inconteste e súbita, tanto quanto (...), quando

Possessiva, tal qual uma gota de ácido,

Quase Sagrado   Luiz Carlos Mariano da Rosa

Uma bebida etílica, um alucinógeno!!!

E, ainda, como um desafio entre os extremos

Quero-te – entre o absolutista medo e o desejo

De tornar-nos: eu, menos do que um senhor (teu);

Tu, mais do que refém – e nós dois, ambos,

cúmplices!!!

[39]

Rapto

Místicas, movem-se as tuas pálpebras gêmeas
Na órbita do teu celestial olhar,
Como as asas da recém-nascida crisálida
Que tenta escapar do casulo labiríntico
- Que tenta escapar!

Enquanto hipnótico o lume descortina-se
Como o umbral do paraíso de sangue e argila:
Argamassa de emoção (que é todo o teu ser!)
Quando extravasa a sua gestativa angústia
- Ah! quando extravasa...

Desmaia, então, a palavra... dos lábios trêmulos,
Suplicando a devoção do abissal silêncio:
Tornam-se interjeições as sílabas – sem eco,
E as subentendidas reticências – fonemas (...)
- E as subentendidas?!

E explode o coração: "ta-qui...", "ta-qui-car-di-a"!

- Diante do instinto de autodefesa: o medo,

E o sintoma fisiológico da existência

- O desejo, em nome da intersecção do espanto

- Da intersecção do espanto...

E as mãos ensaiam o gestual inoportuno,

Desmascarando o *ego* da escultura física...

Enquanto emerge o eu, "ás-pe-ro", primitivo,

Mas como uma raiz arbórea, verdadeiro

- Como uma raiz!...

E soltam-se os pés do próprio chão, prisioneiros

Que fizeram-se de um destino: o livre-arbítrio

- Cúmplices que tornam-se... "um-senhor-do-outro",

Embora ambos sejam do amor tão reféns

- Do amor tão reféns!!!

Porque "Preciso-te"

É uma angustiosidade septicêmica

Que, torácica, propaga-se, irresistida,

Através da minha radícula cardíaca

- Sanguínea, sudorípara, lacrimal... ácida...

Hipertensa, epidérmica, ocular... nevrálgica...

Insípida, inodora... sensória embora...

Diante da ausência tua, possessiva,

Que mais do que uma simples saudade admitida,

A tua imanente presença estereotipa,

Como substância da minha realidade!

É descobrir-se sem defesa, diminuto,

Diante do próximo, de Deus, de si próprio

- Até menos do que um indivíduo, e menor

Do que a mínima porcentagem de um eu, todo

Minúsculo, como um pré-histórico ser,

Inferior como uma borboleta - quando

Ainda no estágio larval: como um ditongo

Que transforma-se em um absoluto hiato,

Diante da perda do acento que o distingue,

Seja ele o til, ou o agudo, ou o circunflexo!

É suportar o "sem-do-exceto" – o "oco-nada",

Depois que intrínseca a mim, inteira, fizeste-te,

Mesmo que o "durante" ou "enquanto" seja breve,

Pois torna-se abissal qualquer átimo efêmero,

Semelhante à última pulsação de vida,

Arrítmico de tão intenso (de tão grave!),

E de tão fatal até trombótico faz-se,

Hipérbole que identifica este fenômeno:

O esvair-me, dentro de mim – eu, incompleto,

Asfixiado por um "como-sem-resposta"!

É agonizar à superfície da dúvida

A sensação que, em mim, essa incisão expressa...

Que dilacera carne, nervos, ossos, músculos...

Entre o ter, o poder e a volição (e o arbítrio),

Quando, inconsolável, o coração sofre o "não"

- Das circunstâncias o advérbio de negação,

Que ecoa esquizofrenicamente exato,

Advogando culpa, confissão, juramento...

Como se o "posso" assim fosse tornar-se um fato,

Embora inalcançável... posto que longínquo!

Ah! É cada vez mais em um "nós" esquecer-me,

Sem mesmo ao menos presente ter-me a mim – eu,

Pois não consigo, só, tornar-me assim "bastante";

Sempre aparece uma preposição que exclui-me,

Condicionando-me a ser quem não sou – e devo:

Um indefinido pronome tão somente!

Porque "preciso-te" – precisar é o verbo

Que interpreta um ser que por ti tem fome e sede,

Tanto quanto de pão, água e oxigênio – o corpo...

Se amar-me puderes como quero-te, e posso!!!

(Porque "preciso-te" é indigesta a ausência:

Minha alma, em gotas, vomita-me – eu choro!!!)

O substantivo da ausência

Quero trazer em mim o sagrado ruído das águas

oceânicas...

Diante dos histéricos decibéis do anfiteatro

urbanístico

Que extravasa a mecânica fúria pós-modernista

Como um voluptuoso fenômeno cataclísmico

- Quando o teu canto fizer-se um poslúdio elegíaco

Entre o tempo e a distância: uma sinfonia lúdica!

Quero trazer em mim o destino de um "caminho-

sem-fim"...

Diante das esquinas obtusas das fronteiras humanas

Que desgovernam os pés, que desvirginam os

passos,

Como um labiríntico desafio autogestativo

- Quando a tua imagem tornar-se uma figura oca,

[47]

Sem nenhum memorialista pronome pessoal!

Quero trazer em mim o consolo de um jardim de
orquídeas...
Diante do aborto cirúrgico do obstétrico realismo
Que a razão rapta-me... que como um réu desnuda-
me,
Como uma escultura improvisada em praça pública
- Quando a tua ausência desertificar-me a alma,
Transformando-me em um Cacto de Saudade!

Quero trazer em mim o metafísico crepúsculo da
primavera...
Diante do trágico adeus que cada instante dramatiza,
Que como um punhal o cerne dilacera,
Como esta corda de banjo, este eco triste
- Quando o teu corpo tornar-se uma sombra
abísmica

Disforme, insípida, inodora... pois pretérita!...

Quero trazer em mim a selvagem angelitude de um órfão...

Diante da barbárie psicossocial do *"Homo Ferus"*

Que "zoologiza" o habitat humano – o mundo,

Como um autodestrutivo processo de involução

- Quando as tuas mãos se tornarem "restos-sem-raízes",

Gestos sem sangue ou dor, paixão, socorro!...

[49]

Quase Sagrado   Luiz Carlos Mariano da Rosa

Ditongo

Uma Sílaba de Dor que consolo implora

Sem Raízes de Esperança, Órfã de Verbos

Que substantivem a razão, refém da busca

Que a sintaxe morfológica dissimula!

Um Pronome Pessoal que libido advoga

Transcendendo o exílio do Império das Palavras,

Das inodoras rimas, insípidas formas,

Que, insensíveis, moribúndicas agonizam! ...

Uma Interjeição de Afeto que o "Eu-Tu" gera

Como um "Embrião-de-Alguém" que Desejo torna-

se...

Na síntese alquímica que tudo transforma:

Das Emoções à Consciência, até o Arbítrio!

Um Fonema de Êxtase que ecoa anímico

Como o dialeto de primitiva raça,

Língua dos "Anjos-de-Argila-e-Sangue" – Hiato

Entre dois seres: "Nós" – Ditongo de dois "Eus"!

Carpe Diem[8]

I Parte

Não acuso. Sinto. Sou cúmplice da dor

Que "humifica" os restos secos da memória,

- Arqueológico sítio da consciência -,

Desnudando os obtusos ângulos do *ego*

"Sempre-inacabado" que mendiga ilusão!

Eis os passos da saudade. Ou não escapaste,

Refém do arbítrio, feito moribunda larva

Que escorre, insocorrível, do casulo, e foge...

Tornando um destino o voo?!... Que liberdade

Pode haver, que existir, quando a vida é só instinto?!

---

8 Expressão latina, lema do Barroco (embora tema vigente de toda literatura de orientação clássica), que significa "aproveite o dia".

[53]

Ouço, sim!... Mesmo o judicatório silêncio

Que cronológicos escombros convulsiona

Até o gestativo transe da emoção

Que - de consolo e sonho - órfã, agoniza...

Grites. Chores. Cantes. Serei amor. Mais nada!

Serás um vômito ontológico de gestos -

Sofreguidão... Gotas eidéticas de pranto

Que vazam do âmago da alienação

Sob a imagem que transmuta-se – o "ser-em-si"!

Quero. Vertigem de desejo. Transcendência.

II Parte

Que a saliva do teu verbo goteje ávida

Das elípticas formas, dos barrocos lábios,

Sobre as ruínas da árida solidão,

Destilando afeto, libido, consciência...

Até as ocultas fissuras do pretérito!...

Que os "ais" do teu grito deságuem, tortuosos,

Rasgando rastros múltiplos de uma rude ode...

Eco de angústia e ânsia – um embrião de *ego*

Nômade que segrega abismos de paixão,

Cavernas de desejos, vulcões de vontades!...

Que o sangue das tuas sílabas banhe os vãos

Do leito íngreme das desérticas covas

Do meu eu de átomos, células, moléculas,

Manchando de vida a derme da vaidade,

O cerne do orgulho, a raiz, o coração!!!

Violar os sádicos códigos do tempo,

Subvertendo o autoexílio do instante histórico

Que desespera o "eu-futuro-do-pretérito"...

Transgredir – eis o ultimato da existência!

Felicidade – eis a essência: *Carpe Diem*!

Pacto[9]

"Eros é 'uma relação com a alteridade, com o mistério,
ou seja, com o futuro, com o que está ausente do mundo
que contém tudo o que é...'. 'O pathos do amor consiste
na intransponível dualidade dos seres'. Tentativas de
superar essa dualidade, de abrandar o obstinado e domar
o turbulento, de tornar prognosticável o incognoscível e
de acorrentar o nômade tudo isso soa como um dobre de
finados para o amor. Eros não quer sobreviver à
dualidade. Quando se trata de amor, posse, poder, fusão
e desencanto são os Quatro Cavaleiros do Apocalipse."
(Zygmunt Bauman)

Ah! Quando não mais ouvires a minha voz,

Porque tornou-se um eco oco do pretérito,

Como a imitação de um gregoriano cântico...

E as tuas sílabas morrerem, fugitivas,

Nos ângulos agudos das fronteiras das paredes...

---

9 Texto selecionado pela **Secretaria de Cultura, Turismo, Esporte, Lazer e Juventude da Prefeitura de Tatuí**, São Paulo, Brasil, no **Concurso Paulo Setúbal 2011, 69ª Semana Paulo Setúbal (9° Prêmio Paulo Setúbal / Poesias / 2011)** e publicado no **Suplemento Especial do Jornal O Progresso de Tatuí**, Tatuí, 14 ago. 2011, p. 10.

Serei o sagrado silêncio de uma igreja

Dentro das ruínas de uma barroca gruta!

Ah! Quando não mais beijares estes meus lábios,

Porque se tornaram mitológicas formas,

Como as tênues linhas das pétalas de rosa...

E a tua saliva se fizer um nó ácido,

Uma gota suja de dor na boca áspera...

Serei o vinho que transborda do cristal,

Que à procura da tua língua esvai-se, todo!...

Ah! Quando não mais tocares as minhas mãos,

Porque se tornaram esboços metafísicos,

Como o cósmico estrépito de muitas asas...

E a tua carícia se fizer assimétrica,

Diante da "Ausência-em-Si", do "Nada-em-Pessoa"...

Serei a sombra do adeus de um nômade instante,

Um fio de arrebol resistindo ao crepúsculo!...

Ah! Quando não mais vires meu rosto (cógnito),

Porque se tornou um artifício da arte,

Como o busto de mármore de uma escultura...

E a tua face transmutar-se em outra, incógnita,

Diante da corrosiva macrobiose...

Serei uma raiz cirúrgica em teu tórax,

Uma fenda sofrível em teu coração!...

Ah! Quando não mais sentires teu o meu corpo,

Porque se tornou uma silhueta exangue,

Como a arqueológica imagem de um "ex-Ser"...

E os teus femíneos instintos vomitarem

Febris humores, hormônios, secreções múltiplas...

Serei o inodoro que banhará a carne,

E o magma vulcânico fluindo em teu íntimo!...

Ah! Quando não mais tiveres os passos meus,

Porque ininteligíveis signos se tornaram,

Como os rastros sem rumo de qualquer anônimo...

E o teu destino fizer-se um eterno claustro,

Um autoexílio na Ilha do Desespero...

Serei o prelúdio da tua consciência,

O epílogo histórico da tua vida!...

Quando não puderes mais amar-me – "eu-homem",

Porque tornei-me um predicado da saudade,

Como o adjetivo de um mais-que-perfeito tempo...

E o amor se fizer platônico, sonambúlico...

Um soro alienista, um néctar anestésico...

Serei um pronome oblíquo entre o Ontem e o

Sempre,

Um sujeito oculto – porque morri!... Perdoe-me!

O húmus da paixão – Testamento

Não deixo-te os meus olhos – a matéria, a forma –

Que em fragmentos mínimos se decomporá

Até o autofagismo absoluto, niílico,

Quando a memória advogará a consciência,

Mas um "quanto" da minha essência – o germe

Que reproduzia-se entre nós, sede e febre

Que nos consumiam - de um ser do outro, todo...

Tanto quanto pudesse a inextinguível chama!

Não deixo-te a minha boca – o hálito, a química –

Que a metamorfósica existência escraviza,

Ora insípido ou ácido tornando o *ego*,

Diante do macrobiosismo do tempo,

Mas o eco psicofísico da explosão

De átomos, células... do alquímico beijo,

Da fusão que transcendia os nichos endócrinos

E as neurológicas fontes do sentimento!

Não deixo-te o meu rosto – o embrião fisionômico,

De antagônicas sensações refém... Senhor

De labirínticas emoções, subterrâneas,

De abortivas raízes fruto (inacabado),

Mas da fotossíntese do afeto o imagístico:

Pele, carne e ossos – a mutação somática

Do metafísico ser, que "mitologiza-se",

Gerando pictóricos "eus-surrealistas"!...

Não deixo-te as minhas mãos – o muito: o limite

- Entre a razão, o arbítrio, o sonho e o destino -

Da autoafirmação humana do "eu-divino",

Diante do circunstancialismo terreno,

Mas a carícia artística, o ensaio cirúrgico,

Que das vísceras extorquia "ais" e "uivos",

Da fermentação das glândulas extraindo,

Gota a gota, resíduos de um ser renascido!...

Não deixo-te o meu corpo, a silhueta, a massa,

Às úlceras das ônticas tensões sujeita,

Às raízes de *quid pro quo* suscetível,

Mas o vulcânico instinto que incorporava

Até o clímax libídico – o transe orgásmico,

Que heroicizava o meu "eu", deificando-te,

Tornando o amor do *Homo Sapiens* uma saga,

E a história uma mitológica epopeia!

Quase Sagrado   Luiz Carlos Mariano da Rosa

II Parte

Angst

Onírica

Angst

5782E431U096

Login

Link

Musa virtual

Femina

Hybris

Solipsismo

300 segundos (Cinestesia)

Onírica

Quem és tu que trazes o véu da metafísica
Como símbolo de um pré-histórico luto,
Ocultando sob o vácuo a beleza cósmica
O olhar angelical e o hálito de vida?!

Que embrião é este que em teu útero grita,
Que sedento mendiga o teu sangue: É o Sonho?!
Ah! Como o suportarei se não for "Destino"?!...
Que fim terá então sem o Poder do Arbítrio?!...

A quem tu procuras? Ah! De quem tanto foges?!...
Do que tens culpa, se uma pena foi-te imposta,
Sinônimo tornando-te do próprio Inferno
- A imagem pós-apocalíptica da Terra?!

Quem resiste à tua hipnótica presença
Sem perder-se no abísmico vão da memória,

Se o teu seio é um refúgio psicofísico

Que a renúncia do sensorialismo exige?!

Como adivinhar-te os rastros, se não tens caminho

- Só asas, coração... e o cântico elegíaco

Que a vigília do "impertubável-sempre" entoa

Diante do inalcançável som da matéria?!

Ah! Como ignorar-te, se és tão absoluta

- Se, do *ego* ao *id*, mínimo o eu tu tornas,

Da alma expurgando qualquer química ofídica,

Do autocrático orgulho à vaidade suicida?!

Como conhecer-te, se és tão labiríntica

- O código hermético do Senhor *Chronos*:

A paz dos sentidos, o consolo do espírito,

Para quantos – de "ex-insones" à "sonambúlicos"?!

Oh! Como possuir-te, se és inefável...

[68]

Se sou a condensação de milhões de átomos,

A intersecção da consciência e dos desejos,

A síntese entre razão, emoções, instintos?!

Porque me condenas ao claustro do teu corpo

Tornando-me um parasita hipocondríaco,

Um primário ser – à margem da fotossíntese,

Que sobrevive embora como um morto-vivo?!

Como negar, no entanto, que de ti preciso,

Que és a encarnação do "prelúdico-eu",

O oráculo profético da consciência,

Quando os ecos da noite despe-te, ó Ninfa?!!!

Angst[10]

I Parte

Eu

Uma interrogação sem voz, nem ódio ou dó

Que onipresente ecoa como o próprio fôlego

Dos subterrâneos do ser. Quase um eu. Quem sou?!

Choro. Eis o clímax genésico de uma alma!

Confissão sem verbo ou testemunha. - Socorro!!!

Sombras e rastros embriagam-se de dor...

Entre o afeto e a razão goteja a consciência:

Sujo de desejo vicejo como o húmus.

Uma pré-histórica sensação que existo

---

10 Segundo Sören Kierkegaard, filósofo dinamarquês precursor do existencialismo, determinação que revela a condição espiritual do homem, caso se manifeste psicologicamente de maneira ambígua e o desperte para a possibilidade de ser livre.

[71]

Como um obscuro fóssil, germe do Futuro,

Sob os escombros da História – Pó do Tempo!

Um aracnídeo entre os ossos dos filósofos

E os olhos dos poetas? Ou um lepidóptero

Na autogestação do efêmero casulo?!

Sentimento: És Pedra e Flor, Nuvem, Deserto.

II Parte

Tu

"Eu-Tu" – "Nós": signo da libídica alquimia.

Um ai orgásmico meu coração vomita:

Lama ígnea – Esperança – do Vulcão de Angústia!

Não limpes dos gestos a assimétrica mímica

De uma mais instintiva carícia, hormônica...

Nem tires dos ângulos agudos o cheiro

[72]

Sudoríparo da psicofísica ânsia...

Nem tampouco os excessos da fome dos lábios,

Mesmo os gordurosos ácidos da Paixão...

Ou do etílico humor da Ilusão os restos

Mínimos do hálito ou dos poros do cérebro!...

Porque o medo?! É sêmen do beijo a saliva

Tanto quanto da Vida a sede metafísica!

Desnudes o *pathos* do pretérito, antes

Do rito dos abutres da solidão.

Veeennnhhhaaaaaassssss!!!

Quase Sagrado   Luiz Carlos Mariano da Rosa

5782E431U096[11]

À 703T86412159

*"A relação com o Tu é imediata. Entre o Eu e o Tu não
se interpõe nenhum jogo de conceitos, nenhum esquema,
nenhuma fantasia; e a própria memória se transforma
no momento em que passa dos detalhes à totalidade.
Entre o Eu e o Tu não há fim algum, nenhuma avidez
ou antecipação; e a própria aspiração se transforma
no momento em que se passa do sonho à realidade.
Todo meio é obstáculo. Somente na medida em que todos
os meios são abolidos, acontece o encontro."*
(Martin Buber)

Em cada Sílaba crua um Ângulo Reto

Da Geometria da tua Silhueta:

Grita, Chora, Geme, Desmaia... Silencia...

---

11 Texto selecionado pelo **Serviço Social do Comércio do
Distrito Federal**, Brasília, Distrito Federal, Brasil (SESC – DF),
no **Prêmio SESC de Poesias Carlos Drummond de Andrade,
Edição 2012**, e publicado em **Prêmio SESC de Poesias Carlos
Drummond de Andrade, Coletânea de Poesias, Edição 2012**,
Brasília: Serviço Social do Comércio do Distrito Federal
(SESC/DF), pp. 90-91.

[75]

Como uma inescapável Gota de Desejo!

Em cada Vírgula uma súbita Carícia:
Intersecção de Gestos, Atalhos do *Ego*
Que em Interjeições, monossílabo, transborda
Em Hieróglifos de "Paixão Pós-Moderna"!

Cada Verbo faz-se um Rastro de Ânsias – sangra...
Confissão de Um Número, Consciência Anônima
Que no Virtual Divã Freudiano busca
A Mística de um Sadomasoquista Afeto!

Em cada Interrogação um Eco, um Protesto,
Cuspindo Medo e Orgulho sem qualquer pudor,
Diante de um Pronome insípido, sem cheiro...
Que torna tudo Oblíquo e Oculto – até o Sujeito!

Em cada Exclamação um Aborto Cirúrgico:
Vida - subvertida pelo Arbítrio Ortográfico

Que vomita "Nãos-de-Espasmo" sem Dor ou Culpa,

O Último Adeus deixando como consolo!...

E Eu? Quem sou? Um Substantivo Próprio, um Código

Alfanumérico, uma Senha, uma Fórmula...

Uma Forma do "Ser-Enquanto-Ser": Cobaia

Do Monólogo Catártico deste Século!

Quase Sagrado   Luiz Carlos Mariano da Rosa

Login

"*O desvanecimento das habilidades de sociabilidade*
é reforçado e acelerado pela tendência,
inspirada no estilo de vida consumista dominante,
a tratar os outros seres humanos como objetos de
consumo e a julgá-los, segundo o padrão desses objetos,
pelo volume de prazer que provavelmente oferecem
e em termos de seu 'valor monetário'."
(Zygmunt Bauman)

És um "eu-sem-sangue", uma "*persona*-eletrônica",

Um número sem senso, nem sexo ou excesso,

Que finge consciência através do alfabeto,

Sempre prenhe de emoção, insípido quase!...

Assim sensível ao mouse, ao teclado, antes:

Três, sete, um, quatro, e, talvez, zero. Eis o

pseudônimo

Que em cobaia virtual transforma o humano:

Um ser onipotente, embora parasítico.

Tato. Eis o código do silêncio! Olhos.

[79]

Eis o sentido do desejo! Tentação:

Basta um "*link*-de-arbítrio" e a gestação do posso.

Um embrião de sonho então grita: Eis-me aqui!

Aviões, seios, carros, livros e sapatos.

Gravatas, jóias, lábios, cd's e relógios.

Nomes, cifras, senhas. Opções de pagamento:

Xis – cartão de crédito ou débito automático?!

Status: ter ou não ter? Eis a questão óbvia.

Ser - mais do que um título de posse do *ego*:

Um fenômeno autogestativo da essência

Psicofísica. Cérebro, coração, ventre.

Pensamento, sentimento, desejo. Sexo.

Existência: a dialética intersecção.

Xis. Sim. Preço: Vida. Um quanto de história. Eu:

Pronome (im)pessoal de um possessivo caso!

Link

Um Rastro que não seja insípido procuro

No Intersecção Genésica do Vídeo - Atalho:

Talvez um Nome - um Identitário Signo;

Talvez a Imagem - uma evocação do Gênero;

Talvez o Verbo – uma encarnação de "Alguém"

(Tu?!);

Talvez os Restos Eletrônicos (de Mim)!...

Onde está tua Sombra?!... Se És Massa e Sede:

Pó – um Metafísico Embrião de Átomos

Feito de Medo e Sonhos... e de "Ais-Sanguíneos",

Assimétrico Eco das minhas fraquezas,

O Grito Último – Socorro!... Reticência

Gestativa de Fôlego e Lágrimas: Vida!!!

Onde está teu cheiro?!... Se És Suor e Hálito:

Cova Vulcânica, Pré-Histórico Nicho

De Paixões Edênicas... Cume de Desejos,

Onírico Abismo, Oásis de Sensações...

Poço de Afeto, Pântano de Angústia, Fonte

De Emoções de um Ser Mítico – um Anjo de Argila!!!

Se sou Dedo, Olho, Cérebro e Coração

Dentre milhões de seres do teu Universo:

Gameta de Instinto no Útero do Tempo

Que esvai-se em Dúvida, Esperança, Ânsia... Dor...

À caça de um "*Link*-de-Consciência" – Óvulo

Mamífero (?!): Destino És! (Quem És, no entanto?!...)

Musa virtual

Ah! Quanto de ti posso ter senão um Verbo
Que sem qualquer conjugação no Tempo esgota-se,
Sujeito a um "Duvídico-Talvez-de-Causa"
Que tem como Pronome uma interrogação?

Quanto de ti posso sentir senão o Som
Do coito entre Consoante e Vogal – Fonema:
Cúmplice do instinto das sílabas... Palavra
- Sêmen que até em "Úteros-de-Pedra" brota?!

Ah! Quanto de ti posso ver senão a Derme
Artificial, sem ruga ou sangue – expressão
Da anônima imagem de milhões de Ícones
De um Ser em fase de extinção: o *Homo Sapiens*?!

Quanto de ti posso desejar?! A Razão
- Que em Índice de Emoções Múltiplas transforma-

te?

Ou a Paixão - que em Símbolo Sexual torna-te?

Se és – Musa Virtual - um objeto apenas!

Femina

Todas estas sí-la-bas que a tua boca exala

São mais do que signos da língua - febril hálito:

Odor que esboça um rosto, retrato cubista

Que uma imagem insinua - mais do que a distingue,

Aos ângulos da forma sujeitando a essência!

A tua voz ecoa na flexão dos verbos:

Gagueja enquanto pensa, geme enquanto quer,

Ordena enquanto exclama, submissa ao desejo

Que em reticências respinga... e omisso goteja

Matrizes de sensações, reflexos de ideias!

Cada frase é um súbito desnudar-se:

Uma súplica dos subentendidos mudos

Que agônicos imploram um olhar de posse

- Sugere quando nega, propõe quando foge,

Como uma armadilha inescapável tornando-se!...

[85]

Cada adjetivo substantiva o meu sensório:

Sou todo olfato – uma manifesto dos sentidos!

Toco a silhueta das tuas expressões

Como um cego lendo em *braille*... Interrogação (?):

Quem és?! O autoexame que inflijo-me procura-te!...

Pois mais do que outra encontro-te minha:

Menos como um horizonte do que caminho,

Menos como a própria luz do que fotossíntese,

Menos como um jardim de orquídeas do que

pântano,

Menos como um poço etéreo do que deserto!!!

A tua palavra é magma de paixão

Que como angústia vaza do Vulcão do *Ego*!!!

O meu coração é todo sede!... Sou teu

Como um vale depois da erupção!... Minha és:

Porque "Sei-te"! Penso! Sinto-te! Quero! Amo-te!!!

[86]

Hybris

Nenhuma Palavra bastava. Nem a ausência

Da voz – lúdica Sinfonia do Silêncio.

Hieróglifo psicossomático do Eu.

Ideograma alquímico da Essência. Eclética

Música. Simbiose intelecto-afetiva!

Mais do que geometria eras Presença

Que da massa biológica transbordava,

Esvaindo-se como Sombra de Desejos

Sob o véu dos ângulos agudos da Química

Dos Instintos!... "Vulcão-de-Agônicas-Vontades"!

Mais do que uma intersecção de formas genéticas

Condensadas na labiríntica Matéria –

Corpo... Eras Sensação! Êxtase libídico!

Transe da litúrgica Paixão!

Transcendência era teu nome. Amor – sinonímia.

[87]

Ah! Nenhum gesto podia conter a Ânsia

Da carícia... Tampouco o olfato a maresia

Catártica do Encontro... Nem mesmo o Arbítrio

Ao acidífero fascínio resistia?!

Escaparia a Consciência, embora insípida?

Angústia. Eis o fetiche anímico do Tempo!

No autoexílio da Memória busco-te – Nômade

Como um beduíno no Deserto... Arqueólogo

De um destino orgíaco! Refém de um Pretérito

Perfeito! Réu – crime: "Alienação" do Sonho!

Tu – Pronome Pessoal do meu *Alter-Ego*!

Solipsismo

Um Mar de Oblíquas Sensações é o teu Corpo

A esvair-se em forma de Desejo, Vertigem

Que das minhas mais sádicas carícias vaza

Como Sombra: Eco de uma Ausência Absoluta!

Como despi-lo?! Se é um Signo do Gênero,

Essência do meu *Ego, Persona* do Afeto?!

Porque vesti-lo?! Se sou Silhueta e Véu

Do teu *Id*, Perfume e Sangue do *Cogito*?!

Um Pântano de Angústia é o meu Coração,

Órfão de Esperança, Mendicante de Sonho!

Até quando uma ácida emoção serás?!

Até quando os meus próprios lábios morderei

Sorvendo a Náusea moribunda da Ilusão?!

Procuro no Espelho da Multidão um rosto,

Um olhar apenas, um hálito talvez...

Ou mesmo os passos de uma Catártica Imagem.

Onde estás?! Se és um Prelúdio de Saudade,

Um Transe da História entre o Amanhã e o Hoje!

Quero-te. Basta que estejas suja de Arbítrio,

Mesmo a Lama do *Pathos* proibido, Lodo

De *Eros*! Não importa o vestígio de *Hybris*!...

Quero-te, desde que não sejas só Miragem!!!

Espero-te: como uma Ilha o Corpo Náufrago,

Como o Cais a Alma Nômade: como um Homem.

Quase Sagrado Luiz Carlos Mariano da Rosa

300 segundos (Cinestesia)

Ao "*Ego*-virtual"

Procuro-te. Espero-te. "Preciso-te". Amo-te...

Como um místico diante do Altar Cósmico

A invocar seu deus em devoção agônica

No afã de alcançar as fronteiras do Infinito,

Transcendendo o angustiosimo moribúndico

Do destino deste labiríntico nicho

Feito da dialética entre o Acaso e o Arbítrio!

Procuro-te. Espero-te. "Preciso-te". Amo-te...

Como um nômade cego sem sequer caminho

A adivinhar os rastros do incógnito rumo,

A tatear sem nexo os ângulos agudos,

Dos cantos íngremes aos acidentes mínimos

Que sob a tua imagem esconde a minha sina,

Rasgando a tua carne, a tez da vaidade!

[91]

Procuro-te. Espero-te. "Preciso-te". Amo-te...

Como um guerreiro mítico, um semideus, anjo...

A debater-se todo nas teias do vídeo,

A resistir, ávido, aos mais sádicos vícios:

Ser. Da saliva do verbo ao suor das sílabas,

Da sede de exclamação à fome das vírgulas...

Até tornar-te um úmido "ai-de-um-eu": "Nós"!

Procuro-te. Espero-te. "Preciso-te". Amo-te...

Pena que és somente uma fusão de elétrons,

Pictórica pulsão sem gênese erótica,

Química expressão que deságua patológica

Nas fendas das pedras, intersecções de ossos,

No limo das valas, atalhos da epiderme!!!

Compulsão maníaco-depressiva?! Aaaahhhhh!...

Procuro-te. Espero-te. "Preciso-te". Amo-te...

Onde estás? Se és um árido precipício

De instintos que brotam indômitos, sem senso...

Se tens massa e formas de desejo, raízes

De um *ego* que vaza em pingos de "possos", poças

De números: trezentos segundos de ausência!

Quem serei depois de ter-te, Musa de Vidro?!...

III Parte

Antes de Ti, Além de mim, Depois de Nós!

Alquimia

Sou Homem

Simbiose

Ato

Harmonia

Sol

Antes de ti, Além de mim, Depois de nós!

Monólogo

Dor

Clamor

Quase Sagrado   Luiz Carlos Mariano da Rosa

Alquimia

Rarefeito,

O "pôr-do-sol-marítimo" desmaia bêbado

Na trincheira do horizonte inescondível...

E brada: "só!", "só-cor!", "só!", "só-cor!", "só!", "so-
cor-ro!".

Hemorrágico,

O mediterrâneo azul do céu moribundo

Em múltiplas cores agônicas transmuta-se,

Formando embriões de saudade, sonho e angústia!...

Virginal,

A espessa vegetação imerge, absoluta,

Dos longínquos "montes-à-deriva", nas trevas

Do anonimato que as espécie mitifica!

Espasmódico,

O tempo orgânico contrai-se como um útero
Diante dos "nãos-sem-fim" interrogativos,
A despeito da autoafirmação da vida!

Meteórica,
Uma minúscula faísca rasga o breu
Da cósmica e noctívola ausência (de si?),
Fecundando o "quem-sou" de qualquer alma insone!

Metafísico,
Um precipício de águas o chão transpõe,
Os proféticos "passos-de-outrora" raptando,
Tornando-me um "andante-sem-sequer-caminho"!

Gestatório,
Um "Ó-Visceral" explode da boca: ÓÓÓÓ!!!
- A sonorização intuitiva daquilo
Que é mais do que pode interpretar um verbo!

Consanguíneo,

Da raiz da *psiqué* ao fruto – a consciência,

O legado origina o "todo-essencial",

Fazendo-me tão "eu" como nunca existi!

Sou Homem

Sou Saudade e Sonho! *Ego* feito de Arbítrio

Psicossomático e Atemporal Consciência,

Sob a sanguínea argila... Massa de Pretéritos,

Corpo de Segredos, Coração Metafísico

- Dentro do torácico berço do esqueleto:

Sou Homem!

Sou Sensório e Instintos! *Id* Fisiológico:

Um "Quanto-de-Desejos", um "Quão-de-Emoções",

Sob a escultura orgânica... Dérmica Máscara,

Invólucro de Sensações físico-químicas

- De neurônicas reações, efeitos psíquicos:

Sou Homem!

Sou Herói e Vilão! Um Histórico "Eu":

Cúmplice do Destino, Sujeito do Tempo,

Sob a genética herança (consanguínea)...

[101]

Tradução de herméticos ideogramas

- Corporificação de híbridas fusões:

Sou Homem!

Sou Saliva e Suor! Um Poço de Existência

Que fome, orgulho, volúpia, ódio – transborda,

Sob o vestuário de Seda da Vaidade...

Que consagra o Prazer como Felicidade

- Até que o desmistifique a Macrobiose:

Sou Homem!

Sou Choro e Cântico! Manifesto Sinfônico

Que encarna o Eterno, que sacraliza o Profano,

Sob o moribundo "Dó" do Som Elegíaco...

Do efêmero que um "Adeus" substantiva – Réquiem

De um Nômade condenado à máxima pena:

Sou Homem!

Sou Esperança e Dor! Interjeição Agônica:

[102]

Eco de inconsoláveis "Ais", de "Ós" agudos...

Sob o "Não" e o "Sim" – o Monossílabo Oxítono,

O "Fim-de-Mim", uma Inequação Esotérica,

A Forma Mística de um "Quase-Ser-em-Si":

Sou Homem!

Sou Restos e Rastros! Um Embrião de Alguém

Que transcende o labirinto da sua Imagem,

Sob a Fotossíntese da Realidade...

Túmulo da Verdade, Nicho de Ilusões,

Sítio Arqueológico do Bem e do Mal:

Sou Homem!

Sou Sombra e Pó! Um Fragmento do Horizonte

Que submerge, tão tênue como onipotente,

Sob as Cinzas do "Outrora" – À procura de si,

Órfão de Amor, de Identidade, de Inocência...

Refém do "Desafio da Autogestação":

Sou Homem!

Sou Vácuo e Matéria! Da Divindade - um Núcleo:

Fronteira da Ausência entre o "Todo", o "Tudo" e o

"Nada",

Sob o Véu do Abismo... Recôndito da Essência,

Mitológico Habitat Paradisíaco,

Umbral Sagrado de um inencontrável "Onde":

Sou Homem!

Sou Vulcão e Deserto! Verbo Intransitivo

Que em si mesmo se substantiva – Solidão:

Sob o feixe que esconde-me - entre nervos,

músculos...

E revela-me como Libido e Razão

- Encéfalo e estômago, glândulas, pulmões:

Sou Homem!

Sou Terra e Céu! Psicofísica Intersecção

Que dois Entes ambíguos unem em um Ser,

Sob os gametas macho e fêmeo, que interagem...

No interior do útero, metamorfósicos,

- Desde a fecundação até o estágio último:

Sou Homem!

Quase Sagrado

Luiz Carlos Mariano da Rosa

Simbiose

Ah! Quero a pureza de uma manhã de sol

Em teu místico e metamorfósico riso,

Para flagrar-me sem defesa, solitário,

A minha crua natureza desnudando...

Objeto do teu subjetivismo tornando-me,

Sujeito oculto do substantivismo teu,

Verbo intransitivo sem quaisquer adjetivos,

Pronominalizado pelo pluralismo!

Ah! Quero a paz de uma gaivota nas alturas

Em tua alma de anjo e carne de fêmea,

Para prender-me inculpável, sem sonho, ileso,

No labiríntico autoexílio dos teus braços,

Na teia de aracnídeas fibras das mãos tuas...

Para que não me esqueça que sou um menino,

E descubra que posso tornar-me um guerreiro...

[107]

E queira, enfim, fazer-me teu, tão somente!

Quero o cego desejo de um leão faminto

Em teu corpo de nervos e sanguínea argila,

Para imergir cruel sem piedade ou medo

No vão abísmico, vulcânica armadilha,

Em busca da minha pré-historicidade...

Das guturais sílabas aos gestos anímicos,

Da liturgia alquímica do instinto – síntese,

Da sina mamífera – clímax biológico!...

Quero a santa febre das tardes de verão

Em teus olhos de divindade milenar,

Para raptar-me as gotas – do suor ao pranto,

As profundezas humanas – da terra ao céu,

As raízes do meu "eu" – do invólucro ao cerne,

Da gênese à consciência: a autogestação

- Que me fará teu, que minha te tornarás,

Em um ser transformando duas criaturas!

Quase Sagrado   Luiz Carlos Mariano da Rosa

Ato

> *"Aquele que vem ao mundo para nada alterar*
> *não merece nem consideração nem paciência."*
> *(René Char)*[12]

Não sou um acúmulo de Massa Pretérita,

Ou um depósito de Imagens Metafísicas.

Nem um Baú de Abstrações... Tampouco um Altar

Da Religião da Existência. Um Mausoléu

De Sonhos. Sítio Arqueológico do *Ego*!

Nem um Quê do Divino em Estado de Larva

Ou um Quase Sagrado, Maligno Ente.

Sou mais do que Eco ou Sombra, Fôlego ou Rastro.

Agonizo em gestação até o Ato. Sou

Um Inacabado Fato. Um Quanto de Essência

---

12 *"Ce qui vient au monde pour ne rien troubler ne mérite ni égards ni patience."*

Que vaza como a lava de um Vulcão de Arbítrio.

Protesto de autoafirmação! Oh! Estou vivo!...

Que vida pode haver sem a erupção de um Eu

Capaz de transgredir a Razão de um Destino?

Quem serei se não desafiar o "existido"?!

Risco: Frenesi de Ânsia. Transe de Medo.

Angústia. Metamorfose da Consciência.

Ato: Gênese da História. Autoexpressão.

Quem dos seus efeitos escapar poderá

Se a sua ausência é da Alma o suicídio?!

Se é a transubstanciação do próprio sonho.

Coágulo de toda subjetividade.

Intersecção dos psicofísicos fenômenos.

Vazio. Eis o abismo da alienação!

Transcendência. Eis o seu extremo oposto: Ato!

Harmonia

Imagine:

Nenhuma voz humana que reclamar possa

Um cognoscível eco orgânico do próximo,

Do "imediato-ser": O outro - Omisso ou cúmplice,

Similar ou antagônico... Ambos mútuos

- Em face da interdependência dos sentidos!

Não! Nada. Nenhum silábico uivo anímico,

Mesmo o gutural ou indigenista canto,

Ou assobio mais agudo ou grave - uníssona

Interjeição! ... Tampouco a exclamação que torna

Qualquer sujeito - oculto ou indeterminado:

Sem verbos ou conjugação - nem predicados!

Imagine:

Pássaros mudos: sem asas – nem movimento...

Embora no horizonte celeste esparsos!...

[113]

Rastros de figuras embrionárias - restos

De profusos ruídos caóticos: múltiplos...

Nenhum rítmico sopro ou percussão do gênero!

Nem mesmo o religioso sussurro místico

Que dentro da floresta denuncia um rumo...

Que se esvai perseguindo o seu próprio destino

- Do rio ao mar!... Nem também a explosão atômica

- A intersecção das águas: O mágico encontro

Que culmina nas profundezas oceânicas!

Imagine:

Espelhos sem reflexo algum - intransponíveis...

Embora sob o efeito da luz: sem imagem!...

Patológicos vazios, sombras anônimas:

Estátuas barrocas de "eus" surrealistas

- Múmias efêmeras de eterna divindade!

Nenhum manifesto mecânico ou rumor

- Nem mesmo o gotejar incógnito, contínuo!...

Tampouco o áspero embate físico-químico

Entre quaisquer (in)conscientes corpos (sólidos),

Desde os mais ínfimos núcleos até os ocos,

Visceralmente "inencontráveis" – labirínticos!

Imagine:

Nenhuma brisa – Nenhum fôlego que ouse

Tornar-se o bastante, enfim, para uma existência!

Nenhuma semente, ou raiz, ou fruto – que brote...

Seja flor ou árvore, cogumelo ou cacto...

Neste desértico solo: Vale da Morte?!!!

Nenhum compasso cronológico, cardíaco:

Tão – e somente! - o "mesmo-sempre-homogêneo"...

Que substancializa a onipresença do "Nada"...

Que adverbializa a vida (fenomenológica)...

Que pronominaliza o que morrer não pode...

Que – da consciência, o implícito substantiva!

Imagine:

A distância como uma dimensão hermética,

Um vácuo absoluto, imperscrutável – Um pântano

De imutável ausência, do impessoal nunca!...

Do autocrático silêncio o domínio: Um "não"

- Subentendido, sem um "como" explicativo!

O terror do apocalíptico desespero:

Nenhum bravo aleluítico ou "Ó" prelúdico

- Tenha tom revolucionário ou não pacífico...

Ou profano, ou santo, ou humano, ou divino!...

Se não houvesse mais do que a matéria – a vida!...

Ai! Se houvesse menos do que a essência: a música!

Sol

O Sol pode esconder-se, refém dos teus rastros,
Sob a sombra da mais tênue pedra. Asteroide?
Estrela: Pó de Marte ou Hálito de Vênus?
Fruto da Vida ou Excrescência do Destino?

Pode fugir pelos atalhos do teu *ego*
Como um réu diante dos míopes instintos
Do hedônico exílio de um corpo mamífero,
Se não for chama de *Eros* – "Sexo-Afetivo"!

Pode irromper vulcânico como um vilão
Cósmico, personificação do anticristo,
Sem dó consumindo as asas do mito: *Ícaro*
É o amor gerado pelo sonho – *Dédalo*[13]!

---

13 Segundo o mito grego, *Dédalo* consegue fugir de seu
cativeiro construindo asas para ele e seu filho *Ícaro. Dédalo* alça

Pode tornar-se um deserto sem rumo, sítio

Da arqueologia psíquica – nicho:

Túmulo ou berço, ou divã, do "eu-metafísico"?

DNA de uma raça de seres míticos!

Pode escapar como um órfão de consciência,

Do labirinto da solidão peregrino,

Mendicante de paixão, cego – qual *Cupido* -,

Se a angústia não for mais do que um desejo: Sol!

E pode transformar-se em flor do brejo, lírio,

Mesmo que o Sol desfaça-se em lodo, pântano,

Uma raiz tornando-te – náufraga espécie,

Um embrião de Sol de Argila e Sangue: Anjo.

---

voo e pousa a salvo na Sicília, enquanto seu imprudente filho voa em direção ao sol, cujo calor derrete a cera que prende as asas e o faz tombar.

Antes de Ti, Além de Mim, Depois de Nós!

> *"Existir é estar simplesmente.*
> *Os seres aparecem,*
> *deixam-se encontrar,*
> *mas nunca podemos fazê-los desaparecer."*
> *(Jean-Paul Sartre)[14]*

Antes de Ti

Havia um Passo

E um Atalho de Rastros

Que procurava, imperativo,

Um Nômade!

Além de Mim

Há um Destino

E uma Lápide de Mármore

Que mente, dizendo:

Ei-lo aqui!

---

14 *"Exister, c'est simplement être. Les êtres apparaissent, laissez-les à trouver, mais nous ne pourrons jamais les faire disparaître."*

[119]

Quase Sagrado   Luiz Carlos Mariano da Rosa

Depois de Nós

Haverá um Encontro

E uma Ausência Eterna

Que transcenderá o "Hoje"

E o "Amanhã"!

Antes de Ti

Havia um Herói

E um Refém do Futuro

Que proclamava em Silêncio:

És Minha!

Além de Mim

Há uma História

E um "Ser-Inacabado"

Que mendicante murmura:

Sou Teu!

Depois de Nós

Haverá uma Identidade

E uma Sede de Ser

Que extravasará sem Verbo

A Essência!

Antes de Ti

Havia um Deserto

E uma subterrânea Semente

Que explodia parindo

"Ais-Gravídicos"!

Além de Mim

Há um "Éden-de-Razões"

E um "Inferno-de-Vontades"

Que torturam sem dó

A Consciência!

Depois de Nós

Haverá uma Existência

[121]

E um Mundo Absurdo

Que interpretará a Geometria

Subjetiva!

Antes de Ti

Havia um "Nunca"

E um "Quase-de-Esperança"

Que sobrevivia incônscio

"Sempre"!

Além de Mim

Há um Sonho

E uma "Fronteira-de-Nãos"

Que manifesta-se interrogativa:

Quem és?!

Depois de Nós

Haverá um Desafio

E uma Mímica Gestual

[122]

Que dramatizará um Cântico
De Adeus!

Antes de Ti
Havia uma Voz
E um Eco Pré-Histórico
Que protagonizava a Súplica:
Socorro!

Além de Mim
Há um Desejo
E uma Silhueta de Carne
Que desnuda-se gritando:
Sou Tua!

Depois de Nós
Haverá uma Guerra
E um Ultimato do Arbítrio
Que incorporará a Paz

Martírica!

Antes de Ti
Havia uma "Busca-de-Si"
E um Caos Metafísico
Que protestava agônico
Contra o "Nada"!

Além de Mim
Há uma (Auto)Gestação
E um Aborto Cirúrgico
Que fecunda orgásmico
Um "Eu"!

Depois de Nós
Haverá um Rio
E um Labirinto de Céus
Que desvirginará o "Acaso"
Até o fim!

[124]

Antes de Ti

Havia uma Sombra

E um "Nó-de-Emoções"

Que traduzia-se chorando:

Sau-da-de!

Além de Mim

Há um Perdão

E uma Dor Metamorfósica

Que vomitará vulcânica

O *Ego*!

Depois de Nós

Haverá um Abismo

E uma Herança Antropológica

Que fecundará um Embrião

"Teo-lógico"!

[125]

Quase Sagrado

Luiz Carlos Mariano da Rosa

Monólogo

Ao Dia Nacional do Escritor (25 de julho)

"Linguagem é, no entanto, monólogo.
Isso diz duas coisas:
que só a linguagem é o que propriamente fala
e que a linguagem fala solitariamente."
(Martin Heidegger)

Transbordando do meu corpo o gesto esvazia-me

No atalho do tempo, à caça do sentido

Que sem raiz ou forma sonâmbulo escoa

Dos ângulos do eu, qual mendicante eco

Que oco de razão o abissal silêncio oculta!...

Se um "quanto-de-aflição" a minha mão carrega

Do fascínio da tua ausência refém, a dor

Que rasga o meu caminho é umbral sagrado...

Porto do destino que recolhe os meus cacos

Da poça azeda de esperança do pretérito!!!

Ó! coro de saudade e sombra que me arrasta

Pelas ruas... para o precipício da angústia...

Que enterra o meu coração nas margens da vida

E suja os meus passos do lodo da ilusão...

Entre a vida – a traição – e a verdade – a morte -!!!

Nó de agonia que moribundo soluça

No caos de afetos, liturgia de emoções:

"Quem-sem-verbo" que arde de sentido – êxtase

De um "por-que-sem-fim" que desde sempre coalha

No abismo do ser, sem sujeito ou eu: monólogo.

Dor

"Sou o limite de minhas ilusões perdidas."
(Gaston Bachelard)

Falo. E a Palavra é a Sombra do meu *Ego*

Que em busca de uma identidade peregrina

Sob os restos da árida Realidade,

Não tendo outra imagística senão o Mito

Do Corpo da Ilusão – Coração da História!

Mas há uma ruptura que a Razão não cura,

Um abísmico vão que tudo subestima,

Um Precipício de Prazer – Rio de Angústia

Que no Oceano da Dúvida desemboca,

Insípido tornando o meu destino: Eu.

Falo. E a Palavra é o Oráculo da Alma!

Adivinha o choro que agoniza nas vísceras,

Inacabado - tanto quanto o obtuso riso

[129]

Que dissimula a Silhueta da Desgraça,

Do Arbítrio nu ao Desejo oculto – a Alquimia!

E a Palavra escapa como o pólen das flores,

Catártica, embora imperceptível... Protesto:

Desabafo – penitente vômito, ou Súplica –

Mendicante espera?! Ó! Excesso de Ausência

Do Embrião de Existência chamado Infinito!!!

E a Palavra foge como um pássaro cego

Diante da predatória fome de *Chronos*...

Ao encontro de um ninho ávido de Vida,

Mesmo o improviso de um Silêncio todo Teia!

De um Vazio todo Teu! De um "Nós" todo Meu!

Falo. Neste momento sou Dor. E mais Nada!

Quase Sagrado

Luiz Carlos Mariano da Rosa

Clamor[15]

> *"Nenhuma época se deixa afastar por uma simples*
> *negação: a negação elimina apenas o negador."*
> *(Martin Heidegger)*

Grite!...

Até que as manhãs de domingo ressuscitem

Como um guerreiro militar oriental,

Antes do naufrágio da nave cronológica,

Da subversão do Norte (...), da anarquia crônica (...)!

Grite!...

Até que das árvores a seiva goteje,

Submergindo as planícies urbanas (...), os vales (...);

---

15 Texto selecionado pela **Academia Metropolitana de Letras, Artes e Ciências (AMLAC)**, São Paulo, Brasil, no **2º Concurso Literário da AMLAC (Academia Metropolitana de Letras, Artes e Ciências)** e publicado em **Poemas, contos e crônicas: coletânea do 2º concurso literário da AMLAC / Academia Metropolitana de Letras, Artes e Ciências**. 1. ed. Vinhedo - SP: PerSe, 2012, p. 53.

Antes da exaustão das oceânicas fontes,

Da desertificação irremediável!!!

Grite!...

Até que se fragmentem todos os espelhos

Em mil estilhaços, inencontráveis cacos (...);

Antes do irrecuperável eclipse das lâmpadas

Que abortará sem dó a gestativa imagem!

Grite!...

Até que as grades de ferro dos "nãos" inclinem-se

Diante dos "porquês" da igualdade humana,

Antes que os mártires tornem-se mitológicos:

Sem filhos ou viúvas (...), ou até discípulos!

Grite!...

Até que a fome seja um primitivo código,

Limitado às arqueológicas fronteiras,

Antes do genocídio do Capitalismo

Que torna um canibal moderno a sua vítima!!!

Grite!...

Até que as pedras das muralhas despedacem-se

Diante dos olhos dos seus próprios artífices,

Antes que as nódoas de sangue desapareçam

Sob a ação dos protozoários pós-modernos!

Grite!...

Até que as pontes, portas e degraus ressurjam

Como um caminho para qualquer peregrino,

Antes da extinção dessa milenar espécie

Que como "dessemelhante" subjuga o próximo!

Grite!...

Até que a terra um edênico nicho torne-se

- Um histórico berço, não um mausoléu,

Antes do decreto da paz apocalíptica,

Da autodestrutividade em seu cerne implícita!

[133]

Grite!...

Até que a voz torne-se um cavernoso eco

- Dos porões endócrinos até os nevrálgicos,

Antes do abissal silêncio do vácuo cósmico,

Do "na-da" (ou do "tu-do"?!), que tanto desespera!!!

Grite!...

Até que o humano alcance a autoconsciência,

O estado último da existência terrena,

Antes da degradação da macrobiose

Que iguais torna todos os seres biológicos!

Bibliografia do autor
[Ordem cronológica]

Livros

MARIANO DA ROSA, L. C. **A transformação do sujeito em si mesmo e a fé como relação absoluta com o Absoluto em Kierkegaard: Abraão, "Pai da Fé" e "Amigo de Deus", como protótipo de um novo ser e de um novo modo de existência.** 1. ed. São Paulo: Politikón Zôon Publicações, 2019, v. 1. 194 p.

MARIANO DA ROSA, L. C. **A transformação do sujeito em si mesmo e a fé em Kierkegaard: Abraão, "Pai da Fé" e "Amigo de Deus", como protótipo de um novo ser e de um novo modo de existência.** 1. ed. Beau Bassin, Mauritius: Novas

Edições Acadêmicas (OmniScriptum Publishing Group), 2018, v. 1, 105 p.

MARIANO DA ROSA, L. C. **Da propriedade como fundamento ético-jurídico e econômico-político em Locke à vontade geral e o sistema autogestionário em Rousseau.** 1. ed. São Paulo: Politikón Zôon Publicações, 2018, v. 1. 227 p.

MARIANO DA ROSA, L. C. **Os Direitos da Razão e a sua Autoprodução entre o Sistema de Conhecimento de Descartes, o Projeto Crítico de Kant e o Idealismo Absoluto de Hegel.** 1. ed. São Paulo: Politikón Zôon Publicações, 2018, v. 1. 220 p.

MARIANO DA ROSA, L. C. **Hobbes, Locke e Rousseau: Do direito natural burguês e a instituição da soberania estatal à vontade geral e o exercício da soberania popular.** 1. ed. São Paulo: Politikón Zôon Publicações, 2017, v. 1. 226 p.

MARIANO DA ROSA, L. C. **O direito de ser homem: liberdade e igualdade em Rousseau.** 1. ed. Saarbrücken, Alemanha: Novas Edições Acadêmicas (OmniScriptum Publishing Group), 2017. v. 1. 96 p.

MARIANO DA ROSA, L. C. **Determinismo e liberdade: a condição humana** *entre os muros da escola.* 1. ed. São Paulo: Politikón Zôon Publicações, 2016. v. 1. 439 p.

MARIANO DA ROSA, L. C. **O direito de ser homem: da alienação da desigualdade social à autonomia da sociedade igualitária na teoria política de Jean-Jacques Rousseau.** 1. ed. São Paulo: Politikón Zôon Publicações, 2015. v. 1. 182 p.

MARIANO DA ROSA, L. C. **Mito e filosofia: do** *homo poeticus.* 1. ed. São Paulo: Politikón Zôon Publicações, 2014. v. 1. 327 p.

MARIANO DA ROSA, L. C. **Quase sagrado**. 1. ed. São Paulo: Politikón Zôon Publicações, 2014. v. 1. 123 p.

MARIANO DA ROSA, L. C. **O todo essencial**. 1. ed. Lisboa: Universitária Editora, 2005. v. 1. 167 p.

Artigos

MARIANO DA ROSA, L. C. Kierkegaard e a transformação do sujeito em si mesmo entre a vertigem da liberdade e o paradoxo absoluto da fé. **Revista Filosofia Capital – RFC [Brasília, DF]**, v. 13, n. 20, p. 30-46, dez. 2018.

MARIANO DA ROSA, L. C. Kierkegaard e a transformação do sujeito em si mesmo entre a vertigem da liberdade e o paradoxo absoluto da fé. **Saberes: Revista Interdisciplinar de Filosofia e**

Educação – UFRN [Natal, RN], v. 19, n. 2, p. 26-47, ago. 2018.

MARIANO DA ROSA, L. C. Kierkegaard e a transformação do sujeito em si mesmo entre a vertigem da liberdade e o paradoxo absoluto da fé. **Correlatio – UMESP [São Paulo, SP]**, v. 17, n. 1, p. 5-31, ago. 2018.

MARIANO DA ROSA, L. C. Kierkegaard e a transformação do sujeito em si mesmo entre a vertigem da liberdade e o paradoxo absoluto da fé. **Cadernos Zygmunt Bauman - UFMA [São Luís, MA]**, v. 8, n. 17, ago. 2018.

MARIANO DA ROSA, L. C. A oração entre as práticas mágico-religiosas do politeísmo e o *relacionamento pactual* do monoteísmo: da superação do *determinismo da história* em Mircea Eliade à *presença do mistério do ser* em Paul Tillich. **Revista**

Teológica Doxia – FABRA [PUC-RJ], v. 3, n. 3, p. 46-75, jun. 2018.

MARIANO DA ROSA, L. C. Abraão como protótipo de uma nova existência em Mircea Eliade e a fé como movimento envolvendo o finito e o infinito em Kierkegaard. **Revista Diversidade Religiosa – UFPB [João Pessoa, PB]**, v. 8, n. 1, p. 140-166, jun. 2018.

MARIANO DA ROSA, L. C. Abraão, "Pai da Fé" e "Amigo de Deus", como protótipo de um *novo modo de existência* em Mircea Eliade e a fé como *relação absoluta com o absoluto* em Kierkegaard. **Revista Litterarius – Faculdade Palotina [Santa Maria, RS]**, v. 17, n. 1, p. 1-25, jun. 2018.

MARIANO DA ROSA, L. C. O sistema escolar entre o espaço social e o *habitus* segundo o estruturalismo construtivista de Bourdieu. **Revista Interfaces da**

Educação - UEMS [Paranaíba-MS], v. 9, n. 25, p. 273-303, jun. 2018.

DA ROSA, L. C. M. Kierkegaard e a transformação do sujeito em si mesmo entre a vertigem da liberdade e o paradoxo absoluto da fé. **Revista Eletrônica Espaço Teológico / REVELETEO [PUC-SP]** v. 12, n. 21, p. 68-86, jan./jun. 2018.

MARIANO DA ROSA, L. C. A vontade geral e o sistema autogestionário: necessidade, possibilidade e desafios. **Revista Ensaios – UFF [Niterói, RJ]**, v. 11, n. 2, p. 114-139, jul./dez. 2017.

ROSA, L. C. M. O sistema escolar entre o espaço social e o *habitus* segundo o estruturalismo construtivista de Bourdieu. **Revista Eletrônica de Educação da Faculdade Araguaia - RENEFARA [Goiânia, GO]**, v. 11, n. 1, jun. 2017.

ROSA, L. C. M. A vontade geral e o sistema autogestionário: necessidade, possibilidade e desafios. **REVISTA ORG & DEMO [Marília, SP]**, v. 18, n. 1, p. 37-60, jan. 2017.

ROSA, L. C. M. da. A vontade geral e o sistema autogestionário: necessidade, possibilidade e desafios. **Revista Opinião Filosófica [Porto Alegre, RS]**, v. 8, n. 1, p. 476-509, jan. 2017.

MARIANO DA ROSA, L. C. A vontade geral e o sistema autogestionário: necessidade, possibilidade e desafios. **Polymatheia - Revista de Filosofia [Fortaleza, CE]**, v. 10, n. 16, jan. 2017.

ROSA, L. C. M. da. O sistema escolar entre o espaço social e o *habitus* segundo o estruturalismo construtivista de Bourdieu. **Revista Eletrônica Pesquiseduca - Universidade Católica de Santos [Santos - SP]**, v. 9, n. 17, p. 91-115, jan. 2017.

MARIANO DA ROSA, L. C. O sistema escolar entre o espaço social e o *habitus* segundo o estruturalismo construtivista de Bourdieu. **Revista Filosofia Capital – RFC [Brasília, DF]**, v. 12, n. 19, p. 51-68, jan. 2017.

ROSA, L. C. M. O processo formativo-educacional entre a integração durkheimiana e a alienação marxiana. **Cadernos Zygmunt Bauman / UFMA [São Luís, MA]**, v. 6, n. 12, p. 51-85, 2016 [*O legado de Bauman*].

MARIANO DA ROSA, L. C. A vontade geral como processo ético-jurídico de deliberação coletiva e movimento econômico-político de institucionalização do poder. **Revista Direito em Debate – Revista do Departamento de Ciências Jurídicas e Sociais da UNIJUI [Ijuí, RS]**, Ano XXV, n. 46, p. 94-120, jul./dez. 2016.

MARIANO DA ROSA, L. C. A soberania entre a renúncia dos direitos ilimitados do contrato hobbesiano e a *"alienação* verdadeira" do pacto rousseauniano. **Revista Filosofia Capital – RFC [Brasília, DF]**, v. 11, n. 18, p. 43-61, jan./dez. 2016 [*Discussões filosóficas acerca dos fenômenos da existência humana*].

MARIANO DA ROSA, L. C. O sistema educacional e a racionalização burocrática entre a tipologia das ações humanas e a teoria da dominação de Weber. **Saberes, Revista Interdisciplinar de Filosofia e Educação / UFRN [Natal, RN]**, v. 1, n. 14, p. 81-107, out. 2016.

MARIANO DA ROSA, L. C. A propriedade como fundamento ético-jurídico e econômico-político em Locke. **Revista Húmus / UFMA [São Luís, MA]**, v. 6,

n. 17, p. 80-102, ago. 2016 [*Política, amizade e liberdade na modernidade*].

MARIANO DA ROSA, L. C. A soberania entre a renúncia dos direitos ilimitados do contrato hobbesiano e a "*alienação* verdadeira" do pacto rousseauniano. **Revista de Ciências Humanas - Educação e Desenvolvimento Humano / UNITAU [Taubaté, SP]**, v. 9, n. 1, ed. 16, p. 115 - 130, jun. 2016 [*Políticas Educacionais*].

ROSA, L. C. M. A lei natural, o direito de propriedade e a coexistência das liberdades: individualismo moderno e liberalismo político no contratualismo de Locke. **Revista Opinião Filosófica [Porto Alegre, RS]**, v. 7, n. 1, p. 303-332, jun. 2016 [*"Dead Dogs Never Die: Hegel and Marx"*].

ROSA, L. C. M. da. A soberania entre a renúncia dos direitos ilimitados do contrato hobbesiano e a

[145]

"*alienação* verdadeira" do pacto rousseauniano. **Akrópolis – Revista de Ciências Humanas da UNIPAR [Umuarama, PR]**, v. 24, n. 1, p. 71-84, jan./jun. 2016.

MARIANO DA ROSA, L. C. A lei natural, o direito de propriedade e a coexistência das liberdades: individualismo moderno e liberalismo político no contratualismo de Locke. **Filosofando: Revista Eletrônica de Filosofia da UESB [Vitória da Conquista, BA]**, v. 3, n. 2, p. 54-75, jul./dez. 2015.

ROSA, L. C. M. da. Do projeto crítico kantiano: os direitos da razão entre a *lógica da verdade* e a *lógica da aparência*. **Revista Cadernos do PET Filosofia / UFPI [Teresina, PI]**, v. 6, n. 12, p. 76-91, jul./dez. 2015.

MARIANO DA ROSA, L. C. A vontade geral como condição para o exercício da soberania popular em Jean-Jacques Rousseau. **Revista Sociais e Humanas**

– **UFSM [Santa Maria, RS]**, v. 28, n. 2, p. 9–23, mai./ago. 2015.

ROSA, L. C. M. da. Determinismo e liberdade no processo de construção do conhecimento: da condição humana *entre os muros da escola*. **Revista da Faculdade de Educação da UNEMAT [Cáceres, MT]**, v. 23, n. 1, ano 13, p. 75-97, jan./jun. 2015.

MARIANO DA ROSA, L. C. Do sistema educacional e o desafio da fundação de um novo homem entre a organização científico-técnica e a formação econômico-social. **Cadernos Zygmunt Bauman / UFMA [São Luís, MA]**, v. 5, n. 10, p. 19-41, 2015 [*O ciberpajé e a tecnociência*].

MARIANO DA ROSA, L. C. Da vontade geral como condição para o exercício da soberania popular em Jean-Jacques Rousseau. **Problemata: Revista Internacional de Filosofia [*International Journal of***

Philosophy] / **UFPB [João Pessoa, PB]**, v. 6, n. 2, p. 151-177, 2015.

MARIANO DA ROSA, L. C. Do sistema de conhecimento de Descartes: o "eu" como "coisa em si" e a "consciência da consciência". **Revista Filosofia Capital – RFC [Brasília, DF]**, v. 10, n. 17, p. 39-58, jan./dez. 2015 [*Ética e Noética da Transcendência: fenômenos da consciência, da vida, da morte e do espírito!*].

ROSA, L. C. M. Da vontade geral como condição para o exercício da soberania popular em Jean-Jacques Rousseau. **Revista Latitude da UNIFAL [Maceió, AL]**, v. 9, n. 1, p. 99-130, 2015.

MARIANO DA ROSA, L. C. Do sistema de conhecimento de Descartes: o "eu" como "coisa em si" e a "consciência da consciência". **Revista Húmus / UFMA [São Luís, MA]**, v. 5, p. 2-31, 2015.

ROSA, L. C. M. Do projeto crítico kantiano: os direitos da razão entre a *lógica da verdade* e a *lógica da aparência*. **Studia Kantiana [Natal, RN]**, n. 17, p. 5-26, dez. 2014.

MARIANO DA ROSA, L. C. Do direito de ser homem: da alienação da desigualdade social à autonomia da sociedade igualitária na teoria política de Jean-Jacques Rousseau. **PRACS: Revista Eletrônica de Humanidades do Curso de Ciências Sociais da UNIFAP [Macapá, AP]**, v. 7, n. 2, p. 109-133, jul./dez. 2014 [*Temas e Debates das Humanidades Contemporâneas*].

MARIANO DA ROSA, L. C. Do projeto crítico kantiano: os direitos da razão entre a *lógica da verdade* e a *lógica da aparência*. **Revista Opinião Filosófica [Porto Alegre, RS]**, v. 5, n. 2, p. 85-109, 2014 [*Filosofia & Interdisciplinaridade*].

[149]

MARIANO DA ROSA, L. C. Da vontade geral como condição para o exercício da soberania popular em Jean-Jacques Rousseau. **Revista de Ciências Humanas – Educação e Desenvolvimento Humano / UNITAU [Taubaté, SP]**, v. 7, n. 2, p. 205-232, jul./dez. 2014 [*Multiplicidade, Contextos e Interdisciplinaridade*].

MARIANO DA ROSA, L. C. Schopenhauer e Nietzsche: do dualismo metafísico ao princípio da unidade-múltipla. **Revista Húmus / UFMA [São Luís, MA]**, v. 4, n. 12, p. 59-76, 2014 [*Pluralidade e Diferença*].

MARIANO DA ROSA, L. C. Mito e filosofia: do *homo poeticus*. **Saberes: Revista Interdisciplinar de Filosofia e Educação / UFRN [Natal, RN]**, v. 1, n. 10, p. 36-65, nov. 2014.

MARIANO DA ROSA, L. C. Schopenhauer e Nietzsche: do dualismo metafísico ao princípio da unidade-múltipla. **Revista Filosofia Capital – RFC [Brasília, DF]**, vol. 9, p. 85-98, 2014 [*Edição Especial: Concepções acerca da Verdade: Subjetividade, Educação e Multidimensionalidade*].

MARIANO DA ROSA, L. C. Do bem comum da visão platônico-aristotélica à lógica hobbesiana do contrato social (da ordem mecânica da matéria à ordem final da vontade). **Revista Filosofia Capital - RFC [Brasília, DF]**, vol. 9, n. 16, p. 58-75, jan./dez. 2014 [*A Razão Refletida: Modernidade na Ciência, na Ação, no Direito Natural e seus reflexos na Cultura Contemporânea*].

MARIANO DA ROSA, L. C. Da autoprodução da razão (do absoluto), a chave do devir e a condição humana. **Cognitio-Estudos: Revista Eletrônica de**

Filosofia - *Philosophy Eletronic Journal* / **Centro de Estudos de Pragmatismo / PUC-SP [São Paulo, SP]**, v. 11, n. 1, p. 68-85, 2014.

MARIANO DA ROSA, L. C. O direito de ser homem: da alienação da desigualdade social à autonomia da sociedade igualitária na teoria política de Jean-Jacques Rousseau segundo a perspectiva do materialismo histórico e dialético. **Revista Portuguesa de Ciência Política -** *Portuguese Journal of Political Science* / **Observatório Político - Associação de Investigação em Estudos Políticos [Lisboa, Portugal]**, n. 3, p. 11-24, 2013 [*I. Do Humanismo*].

MARIANO DA ROSA, L. C. Da educação inclusiva: das diferenças como possibilidades (da teoria à prática). **Revista Zero-a-Seis / UFSC [Florianópolis, SC]**, v. 15, n. 28, p. 12-33, jul./dez. 2013.

[152]

ROSA, L. C. M. Maquiavel e Weber: a lógica do poder e a ética da ação - o "príncipe-centauro" e o "homem autêntico". **Revista de Ciências Humanas / UNITAU [Taubaté, SP]**, v. 6, n. 1, p. 120-143, 2013.

MARIANO DA ROSA, L. C. Da autoprodução da razão (do absoluto), a chave do devir e a condição humana. **Revista Tecer / Centro Universitário Metodista Izabela Hendrix [Belo Horizonte, MG]**, v. 6, n. 10, p. 31-50, mai. 2013.

DA ROSA, L. C. M. Do bem comum da visão platônico-aristotélica à lógica hobbesiana do contrato social (da ordem mecânica da matéria à ordem final da vontade). **Revista Opinião Filosófica [Porto Alegre, RS]**, v. 4, n. 1, p. 267-298, 2013 [*Normativismo e Naturalismo*].

MARIANO DA ROSA, L. C. Maquiavel e Weber: a lógica do poder e a ética da ação – O "príncipe-centauro" e o "homem autêntico". **Opsis - Revista da Unidade Acadêmica Especial História e Ciências Sociais / UFG / Regional Catalão [Catalão, GO]**, v. 13, n. 1, p. 180-199, 2013 [*Dossiê Linguagens, Tecnologias da Informação e Ensino de História*].

ROSA, L. C. M. Educação inclusiva: diferenças como possibilidades (da teoria à prática). **Poiésis - Revista do Programa de Pós-Graduação em Educação / UNISUL [Tubarão, SC]**, v. 7, n. 12, p. 324-346, 2013.

ROSA, L. C. M. Do bem comum da visão platônico-aristotélica à lógica hobbesiana do contrato social (da ordem mecânica da matéria à ordem final da vontade). **Revista Aurora / UNESP [Marília, SP)**, v. 7, p. 81-102, 2013 [*Edição Especial / Dossiê: Filosofia*].

MARIANO DA ROSA, L. C. Literatura e religião: entre o tudo-dizer e o nada-dizer [do poder-ser]. **Revista Tecer / Centro Universitário Metodista**

Izabela Hendrix [Belo Horizonte, MG], v. 5, n. 8, p. 48-60, 2012.

MARIANO DA ROSA, L. C. Literatura e religião: entre o tudo-dizer e o nada-dizer (do poder-ser). **Revista Ciências da Religião – História e Sociedade / Programa de Pós-Graduação em Ciências da Religião do Centro de Educação, Filosofia e Teologia (CEFT) da Universidade Presbiteriana Mackenzie** [São Paulo, SP], v. 10, n. 1, p. 163-184, 2012.

MARIANO DA ROSA, L. C. Da educação inclusiva: das diferenças como possibilidades (da teoria à prática). **Revista Lentes Pedagógicas / Faculdade Católica de Uberlândia** [Uberlândia, MG], v. 2, n. 1, p. 2-20, 2012 [*Dossiê infância, fundamentos e práticas pedagógicas: inclusão e superação*].

MARIANO DA ROSA, L. C. Da educação inclusiva: das diferenças como possibilidades (da teoria à prática). **Revista Lugares de Educação / UFPB [Bananeiras, PB]**, v. 2, n. 3, p. 78-97, 2012 [*Multitemático*].

ROSA, L. C. M. Maquiavel e Weber: a lógica do poder e a ética da ação – o "príncipe-centauro" e o "homem autêntico". **Revista da Católica: Ensino – Pesquisa – Extensão / Faculdade Católica de Uberlândia [Uberlândia, MG]**, v. 4, n. 8, p. 3-23, 2012 [*Filosofia*].

ROSA, L. C. M. Da autoprodução da razão (do absoluto), a chave do devir e a condição humana. **Revista Semina: Ciências Sociais e Humanas / UEL [Londrina, PR]**, v. 33, n. 2, p. 147-162, 2012.

MARIANO DA ROSA, L. C. Os ídolos da caverna e a sociedade contemporânea: do narcisismo biopsicocultural. **Revista Filosofia Capital - RFC [Brasília-DF]**, v. 6, n. 13, p. 77-85, 2011 [*Miscelânea Filosófica em um Contexto Existencial*].

MARIANO DA ROSA, L. C. Da "revolução copernicana" (do verdadeiro "idealismo transcendental"). **Revista Intuitio / Programa de Pós-Graduação em Filosofia da PUC-RS [Porto Alegre, RS]**, v. 4, n. 1, p. 117-133, 2011.

MARIANO DA ROSA, L. C. Da "revolução copernicana" (do verdadeiro "idealismo transcendental"). **Revista Opinião Filosófica [Porto Alegre, RS]**, v. 2, n. 2, p. 34-51, 2011 [*Kant: Política e Epistemologia*].

MARIANO DA ROSA, L. C. A vela e o caminho (da construção coletiva do saber). **Revista Teias / Programa de Pós-Graduação em Educação – ProPEd**

/ **UERJ** [**Rio de Janeiro, RJ**], v. 12, n. 25, p. 238-258, mai./ago. 2011 [*Ética, Saberes & Escola*].

MARIANO DA ROSA, L. C. Popper e a objetividade do conhecimento científico: a ciência provisória e a verdade temporária. **Cognitio-Estudos: Revista Eletrônica de Filosofia - Philosophy Eletronic Journal / Centro de Estudos de Pragmatismo / PUC-SP** [**São Paulo, SP**], v. 8, n. 1, p. 17-28, jan./jun. 2011.

MARIANO DA ROSA, L. C. Do mistério do ser - entre o pensador e o poeta [do *da-sein*]. **Poros – Revista de Filosofia / Faculdade Católica de Uberlândia** [**Uberlândia, MG**], v. 3, n. 5, p. 1-21, 2011.

ROSA, L. C. M. Do mistério do ser - entre o pensador e o poeta [do *da-sein*]. **Revista Filosófica São Boaventura / Fae – Centro Universitário / Instituto** de Filosofia São Boaventura [Curitiba, PR] v. 4, n. 2, p. 77-100, jul./dez. 2011.

MARIANO DA ROSA, L. C. Da educação: do jogo sociocultural e a inter-relação envolvendo *modus vivendi* e *modus essendi*. **Acta Scientiarum. Education / UEM [Maringá, PR]**, v. 33, n. 2, p. 211-218, July-Dec./2011 [História da Educação].

MARIANO DA ROSA, L. C. Da educação: do jogo sociocultural e a inter-relação envolvendo *modus vivendi* e *modus essendi*. **Múltiplas Leituras / Faculdade de Humanidades e Direito – UMESP [São Paulo, SP]**, v. 4, n. 2, p. 9-23, 2011 [*Dossiê: Violência e Educação*].

ROSA, L. C. M. A teoria analítica da ciência e a dialética aristotélica. **Revista Seara Filosófica / UFPel [Pelotas, RS]**, v. 4, p. 91-119, 2011.

MARIANO DA ROSA, L. C. Do "vir-a-ser" nietzschiano [Do "instinto natural filosófico"]. **Revista Partes [São Paulo, SP]**, v. 11, p. 1, 2011 [*Cultura*].

DA ROSA, L. C. M. Os ídolos da caverna e a sociedade contemporânea: do narcisismo biopsicocultural. **Cadernos Zygmunt Bauman / UFMA [São Luís, MA]**, v. 1, n. 2, p. 71-80, Jul. 2011 [*Ética, moral e pós-modernidade*].

DA ROSA, L. C. M. Da essencialização da realidade. **Revista Filosofia Capital – RFC [Brasília-DF]**, v. 4, n. 8, p. 46-57, 2009 [*A Condição Humana em Processo de Mutação*].

DA ROSA, L. C. M. Niilismo pós-orgíaco. **Revista Filosofia Capital – RFC [Brasília-DF]**, v. 4, p. 59-76, 2009 [*Edição Especial: A Vida é Inevitavelmente Agora!*].

DA ROSA, L. C. M. Autoformação (do "homem completo"). **Revista Filosofia Capital - RFC [Brasília-DF]**, v. 4, n. 9, p. 20-35, 2009 [*A Presença da Filosofia no Fazer Humano!*].

MARIANO DA ROSA, L. C. Autoformação (do "homem completo"). **Revista Entreideias: educação, cultura e sociedade / FACED – UFBA [Salvador, BA]**, v. 14, p. 87-103, 2008.

Sites oficiais do autor

CNPq [Luiz Carlos Mariano da Rosa]:

http://lattes.cnpq.br/0084141477309738

Amazon [Luiz Carlos Mariano da Rosa]:

http://amazon.com/author/luizcarlosmarianodarosa

ORCID [Luiz Carlos Mariano Da Rosa]:

http://orcid.org/0000-0001-7649-2804

LinkedIn [Mariano Da Rosa (Luiz Carlos)]:

https://www.linkedin.com/in/mariano-da-rosa-luiz-carlos-08b68017a/

ResearchGate [Mariano Da Rosa, Luiz Carlos]:

http://www.researchgate.net/profile/Mariano_Luiz_

Carlos

Acta Académica [Luiz Carlos Mariano da Rosa]:

https://www.aacademica.org/marianodarosa.luizcarl
os

Academia.edu [Mariano Da Rosa (Luiz Carlos)]:

http://ucam-
br.academia.edu/MarianoDaRosaLuizCarlos

Escritores.org [Luiz Carlos Mariano da Rosa]:

http://www.escritores.org/libros/index.php/item/luiz
-carlos-mariano-da-rosa

Scridb [Mariano da Rosa, Luiz Carlos]:

http://pt.scribd.com/marianodarosa

Blog Prof. Mariano Da Rosa Educação, Filosofia e Teologia [Mariano Da Rosa, Luiz Carlos]: https://professormarianodarosa.blogspot.com/

Quase Sagrado   Luiz Carlos Mariano da Rosa

Quase Sagrado   Luiz Carlos Mariano da Rosa

Politikón Zóon Publicações

[167]

www.ingramcontent.com/pod-product-compliance
Lightning Source LLC
Chambersburg PA
CBHW060927040426
42445CB00011B/833